Pflanzendüfte
sind wie Musik für
unsere Sinne.

Altpersisches Sprichwort

Beschrieben und empfohlen
von Tassilo Wengel

BuchVerlag
für die Frau

ISBN 978-3-89798-349-6

5. Auflage 2017

Fotos: Uwe Bender (Titel, S. 81),
Fotolia.com (S. 9 ischoenrock, S. 39 emer,
S. 79 petrabarz, S. 89, S. 95 viktorija,
S. 105 Boris Ryzhkov, S. 119 photocrew),
Tassilo Wengel (alle übrigen Fotos)
Rezept S. 80 mit freundlicher
Genehmigung von Regina Röhner
Satz und Typographie: Uta Wolf
Druck: Salzland Druck, Staßfurt
Bindearbeiten:
Müller Buchbinderei GmbH Leipzig

Printed in Germany
www.buchverlag-fuer-die-frau.de

Inhalt

Köstliche Blüten-Kunst 7

Aus Garten und freier Natur 11

Blüten-Ernte 12

Vorsicht Giftpflanzen! 14

Blüten in der Küche 15

Kandieren 15

Blütensalate 16

Blütenbutter 17

Gewürzmischung mit Blüten 18

Blütenzucker 19

Blütensalz 20

Blüten-Eiswürfel 20

Essbare Blüten von A bis Z 21

Blüten-Rezepte 80

Salate & Vorspeisen 80
Beilagen & Dips 90
Hauptgerichte 96
Desserts & Kuchen 103
Blüten-Getränke 114
Blüten im Glas 117
Rezeptverzeichnis 124
Pflanzenverzeichnis 125

Köstliche Blüten-Kunst

Schon seit langer Zeit schätzt man Blüten nicht nur wegen ihrer reizvollen Erscheinung, sondern auch wegen ihres Dufts und ihres Aromas. In der asiatischen Küche werden Lilien, Ringelblumen und Orangenblüten bereits seit über tausend Jahren verwendet; die alten Römer verfeinerten ihre Speisen mit Malven, Nelken, Veilchen, Rosen und Lavendel (besonders für Saucen). Als mit der Entdeckung fremder Länder seit dem 16. Jahrhundert viele neue Pflanzen nach Europa eingeführt wurden, stieg auch hier das Interesse an der Verwendung und Konservierung von Blüten. Vor allem im England des

16. Jahrhunderts entwickelte sich die Kunst der Blüten-Küche, die in den darauffolgenden Jahren immer anspruchsvoller wurde und im 17. Jahrhundert einen Höhepunkt erreichte. Blüten gehörten wie Kräuter zu den gängigen Küchenzutaten.

Durch schriftliche Aufzeichnungen können wir uns heute eine Vorstellung davon machen, welch wundersame Düfte und Aromen in den Küchen und Vorratskammern des 16. und 17. Jahrhunderts vorherrschten. Neben Rosenwasser und Rosenöl wurde mit Rosen, Nelken und Veilchen aromatisierter Essig in Glaskrügen aufbewahrt; hinzu kamen in Zucker konservierte Blüten sowie Blütensirup aus Borretsch, Lavendel, Veilchen,

Kandierte Veilchen

Rosmarin und Rosen. Kandierte Veilchen, mit Zucker überzogene Blüten oder „Zuckerpaste" waren beliebte Leckereien. Schließlich verwendete man Blüten zum Aromatisieren von verschiedenen Getränken wie Likör, Wein und auch Tee.

Aus überlieferten Rezepten vom Römischen Reich bis zum Mittelalter und der Renaissance weiß man, dass aus verschiedenen Blüten sehr schmackhafte Sommersalate zubereitet wurden, die bei großen Festen zum kulinarischen Mittelpunkt gehörten. Im Winter wurden die Salate mit kandierten oder in Essig eingelegten Blüten verfeinert.

Im 19. Jahrhundert ging die Kunst der Blüten-Küche weitgehend verloren; seit einiger Zeit feiert sie jedoch eine Renaissance: Mittlerweile ist sie nicht mehr nur in der gehobenen Gastronomie, sondern auch in der bodenständigen Küche wieder anzutreffen.

Aus Garten und freier Natur

Die Palette der essbaren Blüten ist riesig: Ob im Garten oder in der freien Natur – es gibt zahlreiche Pflanzenarten mit essbaren Blüten. Der Geschmack kann sehr verschieden sein. Doch nicht alles, was essbar ist, schmeckt auch. So sind die Blüten der Kornblume eher geschmacklos, aber schön und eignen sich hervorragend zum Dekorieren besonderer Speisen. Andere Blüten dagegen können gut zum Färben, Kandieren oder Einfrieren verwendet werden.

Blüten-Ernte

Am besten werden Blüten für die Küche am frühen Morgen geerntet, wenn sie noch nicht in der prallen Sonne stehen. Zu diesem Zeitpunkt sind die Aromastoffe in der Blüte besonders intensiv vorhanden. Nach dem Säubern unter fließendem Wasser werden die Blüten mit Haushaltspapier trocken getupft. Stempel und grüne Teile wie Kelchblätter sollte man entfernen.

Kleine Blüten werden im Ganzen verwendet, größere Blüten sollte man teilen oder nur die Blütenblätter verwenden.

Tipp: Darauf achten, dass die Pflanzen vorher nicht mit Schädlingsbekämpfungsmitteln behandelt wurden!

Vorsicht Giftpflanzen!

Neben den vielen genießbaren Blüten gibt es einige Arten, die giftig oder zumindest nicht sehr bekömmlich sind: Ausgesprochen giftig sind z. B. die Blüten von Akelei *(Aquilegia vulgaris)*, Eisenhut *(Aconitum sp.)*, Christrosen *(Helleborus niger)*, Fingerhut *(Digitalis sp.)*, Herbstzeitlose *(Colchicum autumnale sp.)*, Hyazinthen *(Hyacinthus)*, Echter Seidelbast *(Daphne mezereum)*, Maiglöckchen *(Convallaria majalis)*, Narzissen *(Narcissus)*, Oleander *(Nerium oleander)* und von vielen Wolfsmilcharten *(Euphorbia sp.)*.

Blüten in der Küche

Kandieren

Dafür geeignet: Borretsch, Kornblume, Ringelblume, Rosen, Lavendel, Pelargonien, Phlox, Veilchen u. a.

Zubereitung: Frisch geerntete, gewaschene und abgetropfte Blüten in Eischnee tauchen und auf ein mit Zucker bestreutes Blatt Pergamentpapier legen. Blütenblätter auf beiden Seiten mit Zucker bestreuen und im Backofen bei etwa 50 °C Umluft oder Ober- und Unterhitze trocknen lassen. Bei Rosenblütenblättern muss der bittere Ansatz entfernt werden.

Blütensalate

Dafür geeignet: besonders wohlschmeckende Blüten, z. B. von Borretsch, Gänseblümchen, Kapuzinerkresse, Rosen, Ringelblumen, Phlox oder Veilchen.

Zubereitung: Einen Blattsalat (Pflücksalat, z. B. Eichblatt, Lollo Rosso o. a.) mit den Blüten sowie Blättern von Basilikum, Sauerampfer oder Pimpinelle mischen. Kurz vor dem Servieren ein Dressing aus 2 EL Walnussöl, 1 EL Kräuter- oder Weißweinessig, 1/2 Schalotte, 2–3 Walnüssen, etwas Senf, Fleur de Sel (Gourmet-Meersalz) und Pfeffer darübergeben.

Blütenbutter

Dafür geeignet: die aromatischen Blüten von Borretsch, Kapuzinerkresse, Lavendel, Nelken, Rosen oder Stiefmütterchen.

Zubereitung: Man rechnet ca. eine Handvoll Blüten für 500 g Butter. Unter die zimmerwarme Butter die etwas zerkleinerten Blüten rühren, dann die Masse in Alufolie wickeln und kühl stellen. Vor dem Verzehr kann die Butter noch mit einzelnen Blüten verziert werden.

Gewürzmischung mit Blüten

Dafür geeignet: verschiedene essbare Blüten, die am besten vorher getrocknet werden, z.B. Blüten von Ringelblumen, Rosen, Kapuzinerkresse, Löwenzahn (hier nur die Blütenblätter), Ackerstiefmütterchen, Veilchen oder Gundermann (können im Ganzen verwendet werden).

Zubereitung: Ein paar Schalotten feinhacken und eine Mischung aus Meersalz und Pfeffer herstellen, alles mischen und die grob gehackten Blüten hinzufügen. Entweder auf Brot mit Frischkäse essen oder über Salate streuen.

Blütenzucker

Dafür geeignet: duftende Blüten, z. B. von Rosen, Lavendel, Flammenblume, Zitrus u. a.

Zubereitung: 3 Handvoll Blütenblätter abzupfen und einige Tage trocknen. Dann mit 250 Gramm weißem raffinierten Zucker mischen und in einem Glas mit Schraubverschluss aufbewahren.

Man kann auch frische Blütenblätter mit Zucker mischen, wenn sie gleich zum Backen verwendet werden. Blütenzucker ist nicht nur aromatisch, sondern sieht auch schön aus. Hat man verschiedene Blütenzucker in Gläsern, lassen sie sich auch mischen und damit Cremes oder Pudding garnieren.

Blütensalz

Dafür geeignet: Blüten von Borretsch, Rosen, Kapuzinerkresse, Kornblume, Lavendel u. a.

Zubereitung: Die Blüten von den grünen Teilen befreien und feinhacken. In ein Glas mit Schraubdeckel füllen, mit Fleur de Sel (Gourmet-Meersalz) auffüllen und mischen.

Blüten-Eiswürfel

Dafür geeignet: Borretsch, Gänseblümchen, Lavendel oder Veilchen.

Zubereitung: Blüten in einen Eiswürfelbehälter legen und zur Hälfte mit kohlensäurefreiem Mineralwasser auffüllen. Nach dem Gefrieren ganz mit Mineralwasser auffüllen und nochmals gefrieren lassen.

Essbare Blüten von A bis Z

Borretsch (Borago officinalis)

Der Borretsch stammt aus dem westlichen Mittelmeergebiet und wurde vermutlich von den Arabern nach Spanien eingeführt. Von dort breitete er sich bis nach Mitteleuropa aus.

Beschreibung: Pflanze 60 bis 80 cm hoch, Stängel verzweigt und wie die Blätter behaart; Blüten sternförmig und himmelblau, sitzen am Ende der Stängel.

Blütezeit: Sommer bis Herbst

Ernte: ab Juni junge Blätter und Triebspitzen, später auch die Blüten

Standort: Aussaat im April auf durchlässigen, feuchten Böden in sonniger

Lage. An zusagenden Standorten sät er sich auch selbst aus.

Verwendung: Die Blüten eignen sich hervorragend zum Dekorieren von Speisen, Cocktails und Getränken. Sie lassen sich auch sehr gut einfrieren, da sie ihre schöne hellblaue Farbe behalten. Fein gehackt schmecken auch die jungen Blätter der Pflanze gut auf Butterbrot, mit Frischkäse oder Rahm gemischt und mit den Blüten garniert. Mit den Blüten lässt sich Essig blau färben.

Sonstiges: Vor dem Verwenden entfernt man die Blüte von den Kelchblättern, indem man den Stängelrest mit dem Kelch festhält und die Blüte am Stempel haltend abzieht.

Duftpelargonie (Pelargonium)

Es handelt sich um Wildformen unserer Balkonpelargonien (Geranien). Die Heimat der meisten Arten ist Südafrika. Von dort gelangten sie durch Seefahrer und Reisende im 17. Jahrhundert nach England. Im Laufe der Zeit wurden die einzelnen Arten nach ihren Düften selektiert. Die Palette reicht von Apfel-, Rosen-, Pfefferminz-, Muskat-, Schokoladen- bis Zitronenduft.

Beschreibung: Pflanze 50 bis 100 cm hoch, wächst strauchig oder halbstrauchig; mehr oder weniger behaarte, unterschiedlich geformte, aber intensiv duftende Blätter; Blüten weiß, rosa oder violett, auch mehrfarbig und in Dolden angeordnet.

Blütezeit: Juni bis Oktober

Ernte: Blüten und Blätter können während der gesamten Vegetationsperiode geerntet werden.

Standort: sonnig und luftig; durchlässige und leichte Erde. Pelargonien sind nicht winterhart und müssen hell und frostfrei überwintern; dabei nur sparsam gießen.

Verwendung: Da vor allem die Blätter die Duftträger sind, verwendet man sie zusammen mit den Blüten für Gelee, Konfitüre, Pudding, Kompott, Kuchen und auch Saucen. Sehr attraktiv sind die Blüten als Garnierung für Salate.

Sonstiges: Wegen des intensiven Aromas Blätter nur sparsam verwenden.

Flammenblume
(Phlox paniculata)

Der vielfarbige Phlox ist vor allem in Gemeinschaft mit anderen Stauden vom Hochsommer bis zum Herbst ein besonderer Blickfang. Die attraktiven Blüten eignen sich außerdem sehr gut für die Blütenküche.

Beschreibung: Pflanze 100 bis 150 cm hoch, bildet zahlreiche Triebe mit gegenständig angeordneten Blättern; Blüten in einer aufrechten zylindrischen oder konischen Rispe vereinigt; erhältlich in Weiß, Rosa, Rot oder Violett – mit oder ohne farbiges Auge.

Blütezeit: Sommer bis Herbst

Ernte: während der gesamten Blütezeit

Standort: sonnig, auf nährstoffreichen, nicht zu trockenen Böden

Verwendung: für Blütensalate, zum Kandieren und Dekorieren von Desserts und Torten sowie als Zugabe zu Blütenzucker

Funkie (Hosta-Hybr.)

Funkien sind attraktive Blattpflanzen für den Garten, von denen es eine Fülle von Sorten mit unterschiedlichen Blattfarben und -formen gibt.

Beschreibung: Staude mit großen Blättern und prachtvollen, glockenförmigen Blüten

Blütezeit: Juli bis September

Ernte: wenn die Blüten voll erblüht oder noch knospig sind (Juli bis September)

Standort: sonnig bis halbschattig, auf humusreichen Böden

Verwendung: Blüten zum Frittieren, Dünsten, Einzuckern

Sonstiges: Die Sorten sind unterschiedlich im Geschmack: manche schmecken nach Honig.

Gänseblümchen (Bellis perennis)

Bereits im Mittelalter verwendete man das Gänseblümchen in der Heilkunde.

Beschreibung: Pflanze bildet eine kleine Rosette mit wintergrünen, spatelförmigen, grundständigen Blät-

tern. Daraus entfalten sich auf kurzen, bis 15 cm hohen Stängeln weiße Zungenblüten mit gelben Röhrenblüten in der Mitte.

Blütezeit: März bis November

Ernte: Blüten und frische Blätter

Standort: sonnig, auf leicht feuchten, humusreichen Böden

Verwendung: Blüten eignen sich gut zum Dekorieren und – wie auch die jungen Blätter der Pflanze – für Salate, für die Frischkäsezubereitung oder für Gemüsegerichte.

Holunder, Schwarzer (Sambucus nigra)

Der Holunder ist eine alte Kulturpflanze, deren Name sich von Holluntar, dem „Baum der Holla" ableitet. Blüten und Früchte haben nicht nur Heilwirkung, sondern auch Bedeutung in der Küche.

Beschreibung: sommergrüner Strauch von 5 bis 7 m Höhe; Blätter bestehen aus 5 eiförmigen oder elliptischen dunkelgrünen Fiedern; gelblichweiße duftende Blüten in großen Trugdolden.

Blütezeit: Juni und Juli
Ernte: Blüten Ende Mai bis Juni
Standort: in Hecken, Gebüschen, an Wegrändern und Bachufern
Verwendung: für Sirup und Gelee, Eiscreme, Likör, Kompott und Chutney, auch zum Frittieren.

Kapuzinerkresse (Tropaeolum majus)

Seit dem 17. Jahrhundert wird die Kapuzinerkresse in Europa als Gartenpflanze verwendet. Man bezeichnet sie gern als „Blume der Liebe" oder auch als „Salatblume".

Beschreibung: Triebe buschig, niederliegend oder rankend, bis 3 m lang; Blätter rundlich oder schildförmig, hellgrün mit radiär ausgerichteten Adern; Blüten trichterförmig und gespornt, gelb, orangerot oder rot.

Blütezeit: Juli bis Oktober

Ernte: während des ganzen Sommers: Blüten, Blütenknospen, Blätter und unreife Samen

Standort: sonnig, auf nahrhaften, durchlässigen Böden

Verwendung: Blüten und Blätter als Salat oder Beimischung zu verschiedenen Salaten; Blüten zum Garnieren; Knospen und unreife Früchte als Kapernersatz.

Sonstiges: Der Genuss zu vieler Blätter kann zu Magenverstimmung und Darmreizung führen.

Kissenprimel
(Primula vulgaris)

Schon im Januar bieten Gartencenter und Blumengeschäfte große Mengen Kissenprimeln in Töpfen an. Die Blüten sind nicht nur eine reizvolle Küchenzutat, sondern auch ein schöner erster Frühlingsschmuck.

Beschreibung: Pflanze 5 bis 10 cm hoch; bildet eine Rosette aus zahlreichen länglichen Blättern, aus der die Blüten entspringen; Blüten bei der Wildart gelb, durch Züchtung breites Farbenspektrum erhältlich.

Blütezeit: Frühjahr

Ernte: wenn Blüten voll erblüht sind

Standort: sonnig bis halbschattig, auf durchlässigen, nährstoffreichen, nicht zu trockenen Böden

Verwendung: als Zugabe zu Frühlingssalaten, Garnierung und zum Kandieren

Klatschmohn
(Papaver rhoeas)

Wenn im Frühsommer auf den Kornfeldern und Wiesen die roten Blüten des Klatschmohns leuchten, dann heißt es: Blüten für die Küche ernten.

Beschreibung: Pflanze 30 bis 80 cm hoch; fiederspaltige Blätter; scharlachrote Blüten

Blütezeit: Mai bis Juli

Ernte: wenn Blüten voll erblüht sind

Standort: auf Äckern, Schuttplätzen, auf nährstoffreichen, lehmigen Böden

Verwendung: für dekorative Zwecke und Teemischungen

Sonstiges: Die Pflanze enthält besonders im Milchsaft ein schwach giftiges Alkaloid.

Königskerze (Verbascum densiflorum)

Die Verwendung der Königskerze reicht bis in das Mittelalter zurück. Hildegard von Bingen empfahl, das Kraut mit Fleisch und Fisch zu kochen, um Trübsinn und Traurigkeit zu vertreiben. Die thüringischen Buckelapotheker hatten Königskerzen-Blütentee im Gepäck.

Beschreibung: Pflanze 50 bis 200 cm hoch, dicht weißfilzig behaart; entwickelt im ersten Jahr eine Blattrosette, aus der sich im zweiten Jahr ein Stängel mit Blättern bildet; Blüten leuchtend gelb, zu einem langen aufrechten Blütenstand vereint

Blütezeit: Juli bis September

Ernte: Kronblätter der Blüten ohne

Kelchblätter, aber mit Staubgefäßen, optimaler Zeitpunkt: der späte Vormittag

Standort: sonnig, an steinigen Hängen, Wegrändern, Waldlichtungen und in Ödland

Verwendung: für Blütenbutter, Blütenzucker, Garnierung

Sonstiges: Ein aus den Blüten gekochter Tee hilft gegen Husten.

Kornblume
(Centaurea cyanus)

Der botanische Name deutet auf die Heilkraft der Kornblume hin: Centaurea leitet sich vom Kentauren Chiron aus der griechischen Mythologie her, der die Heilkraft der Pflanze zuerst entdeckt haben soll.

Beschreibung: Pflanze 30 bis 70 cm hoch, bildet reich verzweigten Stängel mit linealisch-lanzettlichen, wollig behaarten Blättern; Blüten endständig und himmelblau
Blütezeit: Juni bis September
Ernte: halb geöffnete Blüten
Standort: in Getreidefeldern und an Wegrändern, auf Schuttplätzen
Verwendung: frische Blüten als Garnierung und Beigabe zu Salat
Sonstiges: Wegen der schönen blauen Farbe werden die getrockneten Blüten auch als Beigabe zu verschiedenen Teemischungen empfohlen.

Lavendel
(Lavandula angustifolia)

Schon Hildegard von Bingen kannte die Heilkraft des Lavendels. Aber auch in der Küche ist der duftende Lavendel vielseitig einsetzbar.

Beschreibung: Pflanze 30 bis 60 cm hoch, wächst buschig; immergrüne, längliche, silber-graue Blätter; Blüten blau oder lila, zu Quirlen in Ähren angeordnet.

Blütezeit: Juni bis August

Ernte: Blütenstängel nach vollständigem Erblühen der Einzelblüten

Standort: sonnig, auf gut durchlässigen, trockenen und kalkhaltigen Böden

Verwendung: Blüten für Süßspeisen, für Lavendelzucker und -honig, Fleisch, Gebäck

Sonstiges: Lavendelblüten lassen sich gut trocknen und bewahren dennoch ihr Aroma.

Löwenzahn
(Taraxacum officinale)

Im Volksmund je nach Gegend Butterblume, Mönchsblume, Schmalzbleaml oder Wiesenlattich genannt; häufig auch Kuhblume, da Kühe den Löwenzahn gern fressen.

Beschreibung: Pflanze 10 bis 50 cm hoch, bildet aus einer fleischigen, weißen Milchsaft führenden Pfahlwurzel eine Rosette gezähnter Blätter; Blüten (Blütenkörbe) hell- bis gold-gelb.
Blütezeit: April bis Mai
Ernte: Stängel zur Blütezeit, Blätter vor der Blüte
Standort: an Wegrändern, auf Wiesen, Rasen- und Ackerflächen
Verwendung: Sirup, Gelee, Konfitüre
Sonstiges: Der Milchsaft des Löwenzahns ist schwach giftig und kann eine Kontaktdermatitis auslösen.

Mädesüß
(Filipendula ulmaria)

Als uralte Heilpflanze und Bestandteil von Teemischungen gewinnt Mädesüß auch in der Küche zunehmend an Bedeutung. Die mandelartig duftenden Blüten sind vor allem in Skandinavien ein aromatischer Zusatz zu

Getränken wie Met, Bier und Wein.

Beschreibung: Pflanze 50 bis 150 cm hoch, bildet aus einem verholzten Rhizom in Rosetten angeordnete Blätter sowie beblätterte Stängel; Blüten gelblichweiß, in einem doldigrispigen Blütenstand an den Enden der Triebe vereinigt.

Blütezeit: Juni bis Juli

Ernte: voll erblühte Blüten

Standort: an feuchten Stellen wie Ufer- und Teichrändern, in Röhrichtbeständen, Auengebüschen und auf feuchten Wiesen

Verwendung: Blüten für Marmeladen, Desserts, Limonade, Potpourris und Kräuterwein

Malve, Wilde
(Malva sylvestris)

Bereits im Altertum war die Malve als Gemüsepflanze, aber auch als Heilpflanze bekannt. Vor allem Malvenblütentee ist auch heute sehr beliebt, außerdem findet man die Malven gelegentlich als Schmuckdroge in anderen Teemischungen.

Beschreibung: Pflanze 20 bis 120 cm hoch, bildet aus einem Wurzelstock mehrere aufrechte oder niederliegende Stängel mit fünflappigen Blättern; Blüten rotviolett

Blütezeit: Juni bis September

Ernte: Blüten ohne Stängel von Juni bis August

Standort: sonnig und trocken, an Hängen, Feld-, Weg- und Wiesenrändern sowie auf Schuttplätzen, an Mauern oder sonnigen Hängen

Verwendung: Blüten eignen sich zum Garnieren von Salaten und Desserts.

Sonstiges: im Mittelalter geschätzte Arzneipflanze

Malvenblütentee

4 Teelöffel Malvenblüten mit 1/2 Liter heißem (nicht kochendem!) Wasser übergießen und über Nacht ziehen lassen. Am Morgen den Tee abseihen, bei Bedarf mit Honig süßen. Den Tee nur leicht erwärmen und im Lauf eines Tages trinken. Er ist gut gegen Reizhusten und auch zum Gurgeln geeignet.

Nachtkerze
(Oenothera biennis)

Seit dem 17. Jahrhundert ist die aus den USA und Mexiko stammende Pflanze in europäischen Gärten anzutreffen. Neben Nachtblume, Eierblume oder Stolzer Heinrich nannte man die Pflanze auch Schinkenwurz, da die Wurzeln nach dem Kochen eine schinkenartige Färbung annehmen. Seit einiger Zeit haben vor allem Gourmetköche die Blüten für sich entdeckt.

Beschreibung: Pflanze 100 bis 150 cm hoch, zweijährig; bildet eine Blattrosette im ersten Jahr und den Blütenstand im zweiten Jahr; mehrere gelbe Kelchblüten, die sich erst am Abend öffnen.

Blütezeit: Juni bis September

Ernte: geöffnete Blüten und Knospen

Standort: sonnig, an Wegrändern, Böschungen oder Bahndämmen, auf trockenen, nicht zu nahrhaften, kalkhaltigen Böden

Verwendung: Die Blüten schmecken süßlich und haben dennoch eine leicht scharfe Note. Sie eignen sich gut für Salate, Kaltschalen und Blütenbutter. Originell wirken sie mit roten Cocktailtomaten auf Spieße gesteckt.

Ringelblume
(Calendula officinalis)

Die Ringelblume stammt vermutlich aus dem Mittelmeerraum. Die Blütenblätter wurden bereits in der Antike als Safranersatz für Fisch- und Geflügelgerichte verwendet. Im 12. Jahrhundert wird die Ringelblume als Heilpflanze erwähnt. Sie fand ihren Platz in Kloster- und Bauerngärten und ist auch heute als farbiger Gartenschmuck beliebt. Schon Hildegard von Bingen schätzte die Ringelblume als Wundheilmittel.

Beschreibung: Pflanze bis zu 70 cm hoch; filzig behaarte, verzweigte Stängel; Blüten leuchtend goldgelb bis orange.

Blütezeit: Juni bis Oktober

Ernte: geöffnete Blüten, schnell trocknen

Standort: sonnig, wächst auf jedem normalen Gartenboden; Kultivierung als einjährige Sommerblume in Gärten; sät sich selbst aus.

Verwendung: Blütenblätter zum Würzen von Salaten, Reis, Suppen oder auch zu Käsegerichten; ganze Blüten als Dekoration von Salaten, Omeletts und anderen Gerichten. Die bitter schmeckende Blütenmitte wird nicht gegessen.

Sonstiges: Sauer eingelegte Blütenknospen lassen sich als falsche Kapern verwenden.

Rose (Rosa-Hybr.)

Die Rose – „Königin der Blumen" genannt – schmückt schon seit Jahrhunderten die Gärten. Auch in der Küche haben Rosen eine lange Tradition. Rosenpudding, Rosenhonig oder Kleingebäck aus Rosen waren und sind ebenso bekannt und beliebt wie Rosenwein und Rosenwasser. Wurden früher vorwiegend Wildarten verwendet, haben heute auch verschiedene Sorten mit besonders intensivem Aroma in der Küche ihren Platz gefunden.

Beschreibung: Sträucher zwischen 0,5 und 5 m hoch; Stacheln mehr oder weniger dicht an den Trieben; Blätter unpaarig gefiedert, je nach Art zwischen 3 und 17 Fiederblätt-

chen; Blüten gewöhnlich mit fünf Blütenblättern, aber auch Formen mit mehr oder weniger gefüllten Blüten, Farben: Weiß, Gelb, Rosa, Violett, Rot etc.

Blütezeit: Ende Mai bis September

Ernte: voll erblüht

Standort: sonnig, auf mittelschweren, durchlässigen Böden

Verwendung: Konfitüre, Gelee, Likör, Wein, Bowle, Confisserie

Sonstiges: Empfehlenswerte Rosensorten sind vor allem 'Rose de Resht', 'Mme Isaak Pereire' oder 'Mrs. John Laing'.

Stiefmütterchen (Viola tricolor)

Die Blütenblätter gaben der Pflanze den Namen. Während das unterste Blütenblatt als Mutter angesehen wird, gelten die beiden darüber befindlichen – meist gleichfarbigen – als Töchter. Die andersfarbigen Blütenblätter deutet man als Stieftöchter.

Beschreibung: Pflanze 10 bis 30 cm hoch; Stängel niederliegend bis aufsteigend, vierkantig mit wechselständig angeordneten Blättern; Blüten gelb, blau, violett oder gemischt.

Blütezeit: Mai bis Oktober

Ernte: Blüten frisch verwenden oder blühendes Kraut ernten und im Schatten zum Trocknen aufhängen.

Standort: auf Äckern, Dünen und sandigen Hügeln

Verwendung: Blüten zum Kandieren und Verzieren von Speisen, auch als Beigabe zu Salaten, blühende Triebe für Salate.

Sonstiges: Neben Wilden Stiefmütterchen eignen sich auch die großblumigen Gartenstiefmütterchen, die einen sehr angenehmen Duft haben, gut für die Verwendung in der Küche.

Stockrose (Alcea rosea)

Sehr attraktive Zweijahrspflanze aus dem Mittelmeergebiet und Kleinasien; bereits seit dem Mittelalter als Zierde in Bauerngärten verwendet.

Beschreibung: im ersten Jahr Blattrosette, im zweiten Jahr bis 2 m hoher Blütenstand mit lang gestielten Blättern und großen, trichterförmigen Blüten in Rosa- und Rottönen, bei anderen Sorten auch Weiß, Gelb und Violett.

Blütezeit: Juli bis September

Ernte: voll entwickelte Blüten, frisch verwenden

Standort: sonnig, auf lockeren, tiefgründigen Böden

Verwendung: frische Blüten zur Garnierung oder zum Füllen mit Creme, Pudding oder Eis

Sonstiges: Früher wurden die Blüten zum Färben von Limonade und Wein verwendet.

Taglilie (Hemerocallis-Hybr.)

Schon seit Jahrtausenden werden die Knospen von Taglilien in der chinesischen Küche verwendet. Seit einiger Zeit haben diese Blüten auch in unserer heimischen Küche wieder einen Platz erobert.

Beschreibung: Staude mit sehr unterschiedlicher Höhe bis über 1 m; bildet Schopf schmaler Blätter, aus dem sich mehrere Blütenstängel mit mehreren Einzelblüten entwickeln.

Durch Züchtung entstanden zahlreiche Blütenformen und -farben.

Blütezeit: Juli und August

Ernte: Knospen und geöffnete Blüten

Standort: sonnig, auf kräftigen, humos-lehmigen Böden

Verwendung: Knospen zum Dünsten oder Braten, Blüten zum Kandieren, Füllen, Dekorieren, auch in Salaten

Sonstiges: Die vielen Sorten der Taglilienblüten unterscheiden sich auch im Geschmack von mild bis scharf.

Veilchen, Wohlriechendes (Viola odorata)

Es gilt als Symbol junger Liebe und der Ruf der Bescheidenheit haftet dem Veilchen seit alters her an. Auch die Verwendung als Heilpflanze hat

eine lange Tradition. Vor einigen Jahren eroberte die zauberhafte Blüte auch die Küchen und Confisserien.
Beschreibung: Pflanze 10 bis 15 cm hoch, wächst buschig und hat herz-, ei- bis nierenförmige Blätter; Blüten dunkelviolett und duftend.
Blütezeit: März bis April

Ernte: voll erblühte Blüten
Standort: halbschattig, auf humusreichen bis frischen Böden
Verwendung: Blüten zum Kandieren und Garnieren, auch für Sirup, Marmelade, Desserts und Konfekt.

Wegwarte (Cichorium intybus)

Im Mittelalter spielte die Droge im Aberglauben eine Rolle und fand Verwendung für die Bereitung von Zaubertränken. Ihre heilsame Wirkung wurde erstmals in einem Kräuterbuch von Hieronymus Bock im 16. Jahrhundert gepriesen.
Beschreibung: Pflanze 30 bis 150 cm hoch; Stängel steif aufrecht, kantig, innen hohl und verzweigt; untere

Blätter schrot-sägeförmig, nach oben zunehmend ganzrandig und lanzettlich; Blüten hellblau
Blütezeit: Juli bis Oktober
Ernte: Blüten zur frischen Verwendung
Standort: an Wegrändern und Feldrainen, auf Schuttplätzen und Brachland
Verwendung: Blüten zum Garnieren und Kandieren, Likörzubereitung
Sonstiges: Junge Blätter im Frühjahr sammeln und gehackt auf dem Butterbrot oder mit Frischkäse essen.

Zitrusblüte (Citrus)

Zitrusgewächse wie Zitronen oder Orangen schmücken seit dem 17. Jahrhundert die Orangerien und Schlossgärten der Fürsten und Könige. Sie vermittelten einen Hauch von Exotik und sorgten mit ihrem betörenden Duft für eine besondere Atmosphäre. Inzwischen haben neben den Früchten auch die Blüten den Weg in die Küche gefunden.

Beschreibung: kleiner Baum oder Strauch mit derben, immergrünen Blättern; Blüten weiß und duftend

Blütezeit: ganzjährig

Ernte: voll erblühte Blüten

Standort: sonnig, im Sommer im Kübel im Freien, im Winter geschützt im Wintergarten oder Gewächshaus

Verwendung: zum Einzuckern oder zum Einlegen in Essig, Alkohol oder Öl

Sonstiges: In manchen Reformhäusern oder im Online-Versandhandel werden auch zart-cremiger Zitrusblüten-Honig mit lieblichem Aroma, Zitrusblüten-Tee oder Blütensirup aus Zitrusblüten angeboten.

Zucchiniblüte (Cucurbita pepo var. giromontiina)

Bereits seit dem 17. Jahrhundert werden in Europa Zucchini angebaut, eine Varietät des Gartenkürbis. Zuerst in Italien und seit einigen Jahren auch in Deutschland, hat sich die Pflanze inzwischen einen wichtigen Platz in der Küche erobert. Auch mit den Blüten lassen sich zahlreiche interessante Rezepte zubereiten.

Beschreibung: einjährige krautige Pflanze mit kriechenden Trieben und gelappten Blättern; gelbe Blüten, die je nach Sorte gelbe, grüne oder gestreifte Früchte bilden

Blütezeit: Juni bis September

Ernte: voll entwickelte Blüten

Standort: sonnig, auf feuchten, humusreichen Gartenböden

Verwendung: Die Blüten lassen sich gut mit einer Füllung aus Fleisch, Käse oder Gemüse füllen und als Tapas reichen.

Blüten-Rezepte

Salate & Vorspeisen

Spätsommerliche Salatplatte mit Knoblauch-Basilikumbrot

(für 2 Personen)

1 Kopfsalat • 1/2 Gurke
Borretschblätter und -blüten
2–3 Tomaten • 80 g Schafskäse
einige Kapuzinerkresseblüten
6 Stängel Schnittlauch
Kresse • Basilikum

Für die Vinaigrette:

2 EL weißer Balsamico
4 EL Olivenöl • Salz

Der Salat eignet sich als Vorspeise oder als Hauptgericht. Zuerst die trockengeschüttelten Salatblätter auf einer Platte auslegen, 1/3 vom zerkrümelten Schafskäse aufstreuen, mit Schnittlauchröllchen und Kresseblättern bestreuen, Gurkenscheiben leicht pfeffern und mit fein gehacktem Borretsch auf dem Salat verteilen. Wieder Schafskäsekrümel darüber geben, mit Tomatenscheiben belegen, Basilikumblättchen und den restlichen Schafskäse darüber streuen und mit kleinen Salatblättchen abschließen.

Zutaten für die Vinaigrette kräftig verschlagen, bis sich eine schwerflüssige Emulsion gebildet hat und mit einem Teelöffel hauchdünn über

dem Salat verteilen. Mit Kapuzinerkresse- und Borretschblüten bestreuen. 10–15 Minuten ziehen lassen.
Dazu schmeckt Knoblauch-Basilikumbrot: Dafür 4 Mischbrotscheiben toasten, halbieren und mit einer Mischung aus leicht gesalzenem Olivenöl, 1 bis 2 fein gehackten Knoblauchzehen und frischem Basilikum bestreichen.

Salat mit Primelblüten und Veilchen

1 Kopfsalat
10–15 Primelblüten
10–15 Veilchenblüten
Für das Dressing:
2 EL Sonnenblumenöl
1 EL Weißweinessig
1 Handvoll Minze (Ananasminze oder Apfelminze)
Fleur de Sel (Meersalz) • Pfeffer

Salat waschen, zerpflücken und trocknen. In eine Schüssel geben und die Blüten untermischen. Aus Öl und Essig das Dressing herstellen, die Minzeblätter gut hacken und untermischen, anschließend mit Salz und

Pfeffer würzen und vor dem Servieren über den Salat geben. Einige Blüten zum Garnieren verwenden.

Kartoffelsuppe mit Borretschblüten

(für 2 Personen)

5 – 6 mittelgroße Kartoffeln
1 Schalotte
1 Staudensellerie
200 ml Kalbsfond
100 ml Wasser • 25 g Butter
etwas Borretsch mit Blüten
Salz und Pfeffer

Kartoffeln, Schalotte und Sellerie waschen, putzen und würfeln, in einen

Topf geben und mit Kalbsfond und Wasser auffüllen. Zugedeckt etwa 10 Minuten kochen. Vom Borretsch die Blüten entfernen, die Blätter fein hacken und dazugeben. Etwa 5 Minuten kochen und etwa die Hälfte der Suppe mit einem Mixstab pürieren. Wieder zum Rest der Suppe geben, Butter unterrühren, mit Salz und Pfeffer abschmecken. In Portionen anrichten und mit den Borretschblüten garnieren.

Suppe mit Gänseblümchen

(für 2 Personen)

1/2 l Geflügelfond oder Gemüsebrühe
5 EL Crème fraîche
1 Handvoll Gänseblümchenblüten
etwas Butter, Salz und Pfeffer

Brühe oder Fond mit Crème fraîche erhitzen, aber nicht aufkochen, gewaschene und zerkleinerte Gänseblümchen hineingeben und mit dem Mixstab pürieren. Die Suppe kurz aufkochen lassen, mit Salz und Pfeffer abschmecken und mit Butter legieren.

Tomaten-Bruschetta

4 fleischige Tomaten
2 EL Olivenöl
Kornblumenblütensalz
(siehe Rezept, S. 20)
gemahlener Pfeffer
1 Baguette, in Scheiben
Kornblumen- oder Lavendelblüten

Tomaten häuten (in kochendes Wasser tauchen und die Haut abziehen), Stielansatz entfernen, Tomaten vierteln, entkernen und würfeln. Unter die Tomatenwürfel Öl mischen, mit Blütensalz und Pfeffer würzen. Dann auf den gerösteten Baguettescheiben verteilen und mit Blüten garnieren.

Schwarzer Duftreis

250 g schwarzer Reis
750–800 ml Hühnerbrühe
1 Tasse Stockrosenblüten
1–2 TL Rosenwasser

Reis waschen, in einen Topf geben und mit der heißen Brühe auffüllen. Das Ganze zum Kochen bringen und dann auf kleinster Stufe 20 bis 30 Minuten weiter garen. Das Rosenwasser zugeben und den Reis in eine Schüssel füllen. Als Garnierung eignen sich neben Stockrosenblüten auch Malvenblüten oder Königskerzenblüten.

Herzhaft gefüllte Taglilien

Die attraktiven Blüten der Taglilie sind bestens zum Füllen geeignet. Sehr lecker ist eine Füllung aus Frischkäse mit verschiedenen Kräutern, z. B. mit Rucola und Schnittlauch oder mit einer Mischung aus Schnittlauch, Basilikum, Rucola und etwas Thymian. Eine andere Variante ist eine Füllung aus Kräuterquark mit klein geschnittenem Basilikum, Schnittlauch, Rucola und etwas Thymian.

Käsecreme mit Lavendel

1 Stängel Thymian
1/2 TL Lavendelblüten (frisch oder getrocknet) • 50 g Walnusskerne
150 g cremiger Gorgonzola
2 EL saure Sahne
1 TL Lavendelhonig (Rezept, S. 118, Reformhaus oder Versandhandel)

Thymian und Lavendelblüten waschen, abtrocknen und vom Stängel streifen. Walnusskerne fein hacken, den Gorgonzola mit Sahne und Lavendelhonig cremig rühren. Dann Thymianblättchen und Lavendelblüten unter die Gorgonzola-Masse heben. Vor dem Servieren mit Lavendelblüten bestreuen.

Die Käsecreme schmeckt gut auf Walnussbrot oder Baguette.

Frischkäse mit Ringelblumen

250 g Frischkäse
einige Blätter Zitronenmelisse
etwas Salz
5 EL Ringelblumen

In den Frischkäse die geschnittenen Blätter der Zitronenmelisse rühren, salzen und die Blütenblätter der Ringelblumen untermischen. Mit einigen Blüten garnieren.

Gänseblümchenquark

1 Schalotte
1 EL Sonnenblumenöl
500 g Frischkäse
Salz, Pfeffer
30 g Gänseblümchenblätter
20 g Brennnesselblätter
10 Gänseblümchenblüten

Schalotte fein schneiden und mit Öl und dem Frischkäse vermischen, mit Salz und Pfeffer abschmecken. Die Blätter von Gänseblümchen und Brennnessel ohne Stängel fein hacken und unter den angerichteten Frischkäse rühren. Kurz vor dem Servieren mit den Blüten der Gänseblümchen garnieren.

Gebackene Zucchiniblüten mit Käse

2 Eier
1/8 l Weißwein (oder Wasser)
2 EL Olivenöl • 125 g Mehl
1 Prise Salz • Pfeffer
Zucker (nach Geschmack)
250 g Frischkäse
1/2 Tasse frische gehackte Kräuter wie Schnittlauch, Zitronenmelisse und Oregano
12 große Zucchiniblüten

Eier mit Weißwein und Olivenöl schaumig schlagen, Mehl, Salz und evtl. Zucker zugeben, rühren und etwa 30 Minuten ruhen lassen. Frischkäse mit Kräutern zubereiten und würzen, Zucchiniblüten waschen und mit dem Frischkäse füllen. Blütenblätter leicht zusammendrehen und die Blüten in den Teig tauchen. 2 bis 3 Minuten in heißem Fett ausbacken. Auf Küchenpapier abtropfen lassen und anschließend auf einem Teller servieren.

Gefüllte Zucchiniblüten

(für 2 Personen)

1 TL Butter • 1 kleine Zwiebel
200 g Kalbfleisch • 100 ml Sahne • 1 Ei
Salz und Pfeffer • 1 Prise Muskat
10 große Zucchiniblüten

Butter schmelzen und fein gehackte Zwiebel darin andünsten. Kalbfleisch fein pürieren, mit der Zwiebel, Sahne und Ei mischen, mit Salz, Pfeffer und Muskat würzen. Die Zucchiniblüten waschen, abtupfen und den Blütenstempel entfernen. Mit einem kleinen Löffel die Farce in die Blüten füllen und die Blütenspitzen durch Drehen zusammenschließen. Die Blüten in einem Topf mit Dämpfeinsatz zugedeckt bei mittlerer Hitze 15 Minuten ziehen lassen.

Ente mit Lavendel

1 EL gehackte Lavendelblätter
Blüten von 2 Ähren Lavendel
Abrieb und Saft 1/2 Zitrone
1 Ente (1–1,5 kg) • 40 g Butter
150 ml Brühe (Geflügelfond)
Fleur de Sel • Pfeffer

In die weiche Butter die halbe Menge der Lavendelblätter und -blüten und die abgeriebene Zitronenschale rühren und mit Salz und Pfeffer würzen. Küchenfertige Ente mit kochendem Wasser übergießen, trockentupfen, dann innen und außen mit Salz und gemahlenem Pfeffer einreiben. Die Lavendelblüten-Buttermasse in die Ente füllen. Ente in den Bräter legen, die Hälfte der Brühe zugeben und im vorgeheizten Backofen bei 180 – 200 °C Ober- und Unterhitze garen (Richtwert: 1 Stunde für 1 Kilo Fleisch) oder Umluft bei 150 – 170 °C. Ab und zu esslöffelweise mit Brühe aus dem Bräter begießen. Nach der Garzeit Ente aus dem Ofen nehmen, Fett abschöpfen und die restliche Brühe, Zitronensaft und den Rest Lavendelblätter zugeben. Sauce passieren und nach Bedarf mit Mehl oder Soßenbinder binden. Die Ente mit Lavendelblüten garniert servieren.

Lachs auf Blüten

(für 2 Personen)

1 Tasse Basmatireis
100 ml Fischfond
Salz, Pfeffer, etwas Pernod
2 Lachssteaks
2 Handvoll Blütenblätter von Klatschmohn
1 Handvoll Blütenblätter von Kornblumen

Reis waschen und in einer Schüssel mit Wasser etwa 30 Minuten quellen lassen. Dann Wasser abgießen und den Reis in kochendes Salzwasser geben und etwa 8 Minuten kochen lassen. In ein Sieb abgießen und in einem Topf etwa 20 Minuten ziehen lassen.

Fischfond in einem Topf erhitzen und mit Salz, Pfeffer und etwas Pernod abschmecken. Die Lachssteaks darin etwa 5 Minuten ziehen lassen. Einen Teller mit Blütenblättern von Klatschmohn und Kornblumen auslegen, den Reis und die Lachssteaks in der Mitte platzieren. Mit einer Kornblumenblüte garnieren. Man kann auch eine Rosenblüte oder andere Blüten als Garnierung verwenden.

Gebackene Holunderblüten

200 g Mehl • 1/4 l Milch
2 Eigelb • 2 TL Öl
2 Eiweiß • etwas Schmalz
Holunderblütendolden (je nach Bedarf, bis der Teig alle ist)
Zucker • Zimt

Mehl und Milch verrühren, Eigelb und Öl dazugeben und das steif geschlagene Eiweiß unterrühren. Schmalz sehr heiß werden lassen, Holunderblütendolden durch den Teig ziehen und im Schmalz gut ausbacken. Anschließend mit Zucker und Zimt bestreuen.

Lavendelblütenmousse mit Sommerbeeren und Minze

4 Blatt Gelatine
1/2 l Sahne • 80 g Zucker
4 – 5 Blütendolden von Lavendel
einige Rosenblüten, Johannis-, Heidel- oder Erdbeeren und Minzeblättchen

Gelatine einweichen, Sahne auf etwa 70 °C erwärmen, Gelatine ausdrücken und in der Sahne auflösen. Zucker zugeben und Blütendolden 20 bis 30 Minuten darin ziehen lassen. Die heiße Masse in Gefäße füllen und erkalten lassen.

Die Sommerbeeren wie Kompott kurz mit Zucker aufkochen und warm über

die Mousse geben. Mit Lavendel- oder Rosenblüten und Minzeblättchen garnieren.

Rosensorbet

100 g Rosenblütenblätter
je 200 ml Wasser und Roséwein
150 g Zucker
Saft einer halben Zitrone

Von den Blütenblättern den weißen Ansatz entfernen. Wasser und Wein in einen Topf geben und die Hälfte der Blütenblätter zufügen. Das Ganze zum Kochen bringen und vom Herd nehmen. Den Sud 20 bis 30 Minuten ziehen lassen und abseihen. Die restlichen Blütenblätter zugeben und nochmals aufkochen. Nach 20 bis 30 Minuten den Sud erneut abseihen. Anschließend den Sud in eine Schüssel geben und Zitronensaft sowie Zucker zufügen. So lange rühren, bis sich der Zucker aufgelöst hat. Das Sorbet vier Stunden in den Tiefkühlschrank stellen und öfter mit dem Schneebesen gut durchrühren, bis es geschmeidig ist und in Gläsern angerichtet werden kann.

Gefüllte Taglilien

einige schöne Taglilien-Blüten
1 TL Zitronenmelisse
1/2 TL Zucker • 1/2 TL Zitronensaft
100 g Frischkäse

Die Zitronenmelisse fein hacken, mit den anderen Zutaten unter den Frischkäse rühren und in Taglilien-Blüten füllen.

Blütencrêpes

1 Handvoll Blüten von Wilden Stiefmütterchen oder Gartenstiefmütterchen, Veilchen und Duftpelargonien
200 ml Kokosmilch
150 g Mehl • 3 Eier
1 EL Blütenzucker (siehe Rezept, S. 19) • Olivenöl zum Braten
Brombeer- oder Himbeerkonfitüre
Himbeeren • 100 ml Schlagsahne

Blüten fein schneiden und in die Kokosmilch geben. Mehl, Blütenzucker und Eier zugeben und den Teig etwa 30 Minuten ruhen lassen. Dann im heißen Öl dünne Crêpes ausbacken. Mit Brombeer- oder Himbeerkonfitüre bestreichen und rollen. Himbeeren erwärmen und darüber geben. Mit etwas Schlagsahne und einer der genannten Blüten garnieren und mit Blütenzucker überstreuen.

Kuchen mit Duftpelargonien

fein gehackte Blütenblätter von Duftpelargonien
125 g Mehl • 125 g Butter
125 g Blütenzucker (S. 19)
1/2 Vanilleschote • 2 Eier
1/2 TL Weinstein-Backpulver

Kastenkuchenform mit etwas Butter einfetten, einige Blütenblätter der Duftpelargonien in die Form legen. Butter luftig schlagen, Vanilleschote

auskratzen und dazugeben, Zucker und Eier zugeben und so lange rühren, bis sich der Zucker aufgelöst hat. Mehl, Backpulver und die fein gehackten Blütenblätter untermischen. Den Teig in die Form geben und im vorgeheizten Backofen bei 175 bis 200 °C Umluft oder bei 180 °C Ober- und Unterhitze etwa 30 Minuten backen.
Vor dem Servieren mit flüssiger Butter bestreichen und mit Blütenzucker bestreuen.

Blüten-Kuchen

Mürbeteig:
250 g Mehl
150 g kalte Butter, gestückelt
1 Ei • 70 g Zucker
1 Prise Salz • 1 EL Rum
Belag:
2 Eigelb • Rosenblütenzucker
Schale einer unbehandelten Zitrone
200 ml Sahne • 1 EL Maisstärke
1 Handvoll Blüten von duftenden Rosen und Duftpelargonien
2 Eiweiß

Mehl in eine Schüssel sieben, in die Mitte eine Mulde drücken und die übrigen Teigzutaten in die Mulde geben. Alles mischen, gut kneten. Zu einer Kugel geformt in Folie wickeln und ca. eine Stunde im Kühlschrank aufbewahren. Dann den Mürbeteig ausrollen und auf einem gefetteten Blech kühl stellen.

Eigelb und Blütenzucker zu einer schaumigen Masse aufschlagen, Zitronenschale und Sahne zugeben und verrühren. Maisstärke darüber sieben. Blütenblätter feinschneiden und untermischen. Eiweiß steifschlagen und unterziehen. Masse auf dem ausgerollten Teig verteilen und in den vorgeheizten Backofen schieben, 20 bis 25 Minuten bei 200 °C Umluft oder bei 180 °C Ober- und Unterhitze backen.

Likör mit Wegwarte

1 Handvoll Blüten der Wegwarte (kann auch mit Mädesüß oder Rosenblütenblättern gemischt werden)
1/2 l Korn oder Obstbrand (mind. 32 %) • 100 g Kandiszucker

Blütenblätter und Zucker in eine große Flasche füllen, mit Obstler oder Korn aufgießen und zwei Monate im Zimmer ziehen lassen. Gelegentlich gut schütteln, damit sich der Zucker auflöst. Dann abseihen und in kleine Fläschchen füllen.

Mädesüßwein

1,5 kg Zucker • 200 g Mädesüßblüten
250 g zerkleinerte Sultaninen
4 l Wasser • 20 g Weinhefe
150 ml schwarzer Tee
Saft von 3 Zitronen

Zucker, Blüten, Sultaninen in ein Gefäß mit Deckel geben, kochendes Wasser zugeben und gut umrühren. Nach dem Abkühlen Hefe, Tee und Zitronensaft zufügen, verschließen und ca. 5 Tage bei 20 °C gären lassen. Täglich mehrmals umrühren. Anschließend in ein Gärgefäß mitGäraufsatz füllen. Ist der Wein klar, in Flaschen füllen und 3 bis 4 Monate lagern.

Klatschmohn-Erdbeer-Sekt
(für 4–6 Gläser)

250 g Erdbeeren
1 Handvoll Klatschmohnblütenblätter • 0,75 l trockener Sekt oder Prosecco

Erdbeeren in Stücke schneiden, Klatschmohnblütenblätter und Erdbeerstückchen in Gläser füllen und mit Sekt oder Prosecco übergießen. Kurz ziehen lassen und gut gekühlt servieren.

Löwenzahn-Gelee

100 g Löwenzahnblüten
600 g Gelierzucker
2 EL Zitronensaft

Löwenzahnblüten von den Kelchblättern entfernen, das Körbchen teilen, in 1/2 l fast kochendes Wasser geben und 6 bis 8 Minuten darin blanchieren. Dann Blüten abseihen und ausdrücken. Das Löwenzahnwasser mit Gelierzucker und Zitronensaft zum Kochen bringen und etwa 5 Minuten kochen. Das Gelee in Gläser füllen und sofort verschließen.

Lavendelhonig selbst gemacht

100 g getrocknete Lavendelblüten
500 g flüssiger Honig, am besten geschmacksneutraler Wiesenhonig

Die Blüten in einem Teesäckchen in den Honig hängen. Den Honig mit den Blüten ca. 15 Minuten im Wasserbad erhitzen. Das Wasser darf dabei eine Temperatur von 40 °C nicht übersteigen, damit die Enzyme im Honig nicht zerstört werden. Nach einem Tag Marinier- und Ruhezeit das Blütensäckchen aus dem Honig entfernen.

Blumen-Ratafia

1 Handvoll Blüten von Flammenblumen • Zucker Alkohol (70 – 90 %)

In ein Einweckglas abwechselnd eine Schicht Zucker und eine Schicht Flammenblumenblüten geben und mit Alkohol auffüllen. Das Glas etwa zwei Wochen im Zimmer stehen lassen und dann so lange umrühren, bis sich der Zucker vollständig aufgelöst hat. Anschließend filtern und in kleine Fläschchen füllen. Ein paar Tröpfchen des süßen Blütenextrakts eignen sich hervorragend für das Verfeinern von Nachspeisen.

Veilchenmarmelade

250 ml Wasser • 200 g Puderzucker
Saft einer halben Zitrone
100 g Veilchenblüten

Wasser, Zucker und Zitronensaft aufkochen und dann die Veilchenblüten hineingeben. Auf kleiner Flamme etwa 30 Minuten kochen. Ist der Sud ausreichend eingedickt, wird das Ganze in Gläser gefüllt. Die Gläser sofort fest verschließen und auf dem Deckel stehend abkühlen lassen.

Tipp: Schneller geht die Herstellung, wenn anstelle des Puderzuckers 250 g Gelierzucker verwendet wird. Dann die Masse nach Zugabe des Gelierzuckers 8 Minuten rühren.

Sirup von Wegwarte

1 große Tasse Blütenblätter der Wegwarte
500 g Zucker
1/2 TL Zitronensäure

Blütenblätter mit Zucker mischen, einen Tag stehen lassen und mit 250 ml Wasser auffüllen. Aufkochen und den Sirup abkühlen lassen. Die Flüssigkeit durch ein Sieb streichen und in kleine Fläschchen abfüllen.

Wegwartensirup eignet sich gut als Süßungsmittel für Obstsalate oder Kräutertee.

Sirup von Duftpelargonien

200 ml Wasser • 200 g Zucker
30 Blüten von Duftpelargonien
etwas Zitronensaft

Wasser und Zucker zusammen aufkochen, unter Rühren eine Weile kochen lassen. Ist so viel Wasser verdampft, dass die Flüssigkeit dicker ist und nur noch träge brodelt, den Topf vom Herd nehmen. Die Blüten einrühren und den Topf wieder auf den Herd stellen. Die Flüssigkeit leicht erwärmen und den Zitronensaft unterrühren. Sirup durch ein Sieb gießen, in kleine Flaschen oder Gläser abfüllen und fest verschließen. Dieser Sirup verfeinert Desserts, Obstsalate oder Sekt.

Rezeptverzeichnis

Blumen-Ratafia 120
Blüten-Crêpes 109
Blüten-Kuchen 112
Duftreis, schwarzer 90
Ente mit Lavendel 99
Frischkäse mit Ringelblumen 93
Gänseblümchenquark 94
Holunderblüten, gebackene 103
Kartoffelsuppe mit Borretschblüten 85
Käsecreme mit Lavendel 92
Klatschmohn-Erdbeer-Sekt 116
Kuchen mit Duftpelargonien 110
Lachs auf Blüten 101
Lavendelhonig, selbst gemacht 118
Lavendelblütenmousse mit Sommerbeeren 104
Likör mit Wegwarte 114
Löwenzahn-Gelee 117
Malvenblüten-Tee 52
Mädesüß-Wein 115
Rosensorbet 106
Salatplatte, spätsommerliche 80
Salat mit Primelblüten und Veilchen 84
Sirup von Duftpelargonien 123
Sirup von Wegwarte 122
Suppe mit Gänseblümchen 87
Taglilien, gefüllte 108
Taglilien, herzhaft gefüllte 91
Tomaten-Bruschetta 88
Veilchenmarmelade 121
Zucchiniblüten, gefüllte 97
Zucchiniblüten mit Käse, gebackene 96

Pflanzenverzeichnis

Borretsch *(Borago officinalis)* 21
Duftpelargonie *(Pelargonium)* 24
Flammenblume, auch Hoher Stauden-Phlox *(Phlox paniculata)* 27
Funkie *(Hosta-Hybr.)* 29
Gänseblümchen *(Bellis perennis)* 30
Holunder, Schwarzer *(Sambucus nigra)* 32
Kapuzinerkresse *(Tropaeolum majus)* 34
Kissenprimel *(Primula vulgaris)* 36
Klatschmohn *(Papaver rhoeas)* 38
Königskerze *(Verbascum densiflorum)* 40
Kornblume *(Centaurea cyanus)* 42
Lavendel *(Lavandula angustifolia)* 45
Löwenzahn *(Taraxacum officinale)* 47
Mädesüß *(Filipendula ulmaria)* 49
Malve, Wilde *(Malva sylvestris)* 51
Nachtkerze *(Oenothera biennis)* 54
Ringelblume *(Calendula officinalis)* 57
Rose *(Rosa-Hybr.)* 60
Stiefmütterchen *(Viola tricolor)* 63
Stockrose *(Alcea rosea)* 66
Taglilie *(Hemerocallis-Hybr.)* 68
Veilchen, Wohlriechendes *(Viola odorata)* 70
Wegwarte *(Cichorium intybus)* 72
Zitrusblüte *(Citrus)* 75
Zucchiniblüte *(Cucurbita pepo var. giromontiina)* 77

Aus dem lieferbaren Mini-Angebot

(Auswahl)

Natur & Gesundes

Aloe vera • Alte Gemüsesorten • Amaranth & andere Vitalkörner • Apfelbüchlein • Aronia Backen einmal anders • Bauernweisheiten durchs Jahr • Blüten für Genießer Brennnessel • Essen von der Wiese Essbares von Bäumen & Sträuchern Frauenkräuter • Gesundes Kraut Heilkräuterbüchlein • Herbe Beeren Hildegard von Bingen • Holunder-Rezepte Honig • Ingwer • Kleine Kräuterapotheke Knoblauch • Küchenkräutergarten Kürbisbüchlein • Mohn • Multitalent Zwiebel Mythos Ginkgo (auch engl.) Neues Katzenbüchlein • Noch mehr Essen von der Wiese • Powerfood • Quinoa • Salbei Salz • Sanddorn-Rezepte • Tomatenbüchlein Vegane Küche • Weizengras, Sprossen & Co.

Essen & Trinken

Alles gewickelt & gerollt • Backen & Naschen Bento – Genuss „to go" • Berlin kulinarisch Brot backen • Die Küche der 100-Jährigen Dinkelgebäck • Essen wie im Mittelalter Filinchen • Fingerfood • Fisch-Kochbuch Gewürze • Grillen exotisch • Kaffeevergnügen

Kochbüchlein Schweiz • Küchen- und Restaurantknigge • Lauter scharfe Sachen Marmelade & Gelee • Mecklenburg-Vorpommern kulinarisch • Milch-Büchlein Muslimische Feste und Gerichte Ostpreußen kulinarisch • Paleo Pasta vegetarisch • Sachsen kulinarisch Sachsen-Anhalt kulinarisch • Schlemmerbüchlein Schwarzbier • Senfbüchlein • Smoothies Stollenbäckerei • Süße Sünde: Schokolade Süßes im Advent • Teegenuss Thüringen kulinarisch • Trendgebäck Weihnachten. Bräuche & Rezepte • Whisky

Literarisches

Das kleine Bach-Büchlein • Die Geheimnisse der Familie Bach • Wilhelm Busch Die Minibibliothek (Bibliografie) Erzgebirgisches Weihnachtsbüchlein Fange jetzt zu leben an • Faust-Zitate • Frauen Frauen der Reformation • Frauen-Weisheit Paul Gerhardt • Goethe-Zitate • Große Sachsen Große Thüringer • Gut beraten, froh gestimmt Gute-Laune-Büchlein • HairAffair! Heldenjungfrauen • Ich hab dich so lieb Kinder sind die besten Philosophen Liebe Mama ... • Liebe Oma ... Lieber Opa ... • Lieber Papa ... • Martin Luther Märchenkönig Ludwig II. (auch engl.) Karl May • Mein Leipzig. Geliebtes Weltdorf Wolfgang A. Mozart • Musenkuss – Richard Wagner • Nietzsche-Zitate

Nur mit dem Herzen... (Saint Exupéry)
Philosophinnen-Sprüche • Sandmännchen
Schiller-Zitate • Clara & Robert Schumann
Shakespeare für Verliebte • Theodor Storm
Thomaner-Büchlein • Wahrsagen à la
Lenormand • Weisheiten aus dem Fernen
Osten • Weisheiten der Welt
Wunderkinder • Heinrich Zille

Stadt & Land

Auf der Saale-Unstrut-Weinstraße
Berlin für die Westentasche (auch engl.)
Böhmisches Dorf in Berlin
Burgen und Schlösser im Erzgebirge
Chemnitz für die Westentasche
Dresden für die Westentasche
Görlitz für die Westentasche
Halle für die Westentasche • Herrnhut
Im Spreewald unterwegs
Kösener Spielzeug • Leipzig
Lutherstadt Wittenberg
Magdeburg für die Westentasche
Musikalischer Stadtrundgang durch Leipzig
Naumburg • Potsdam für die Westentasche
Parks & Gärten in Sachsen-Anhalt
Schwerin für die Westentasche
Weimar für die Westentasche

BuchVerlag für die Frau
Gerichtsweg 28 · 04103 Leipzig
www.buchverlag-fuer-die-frau.de
info@buchverlag-fuer-die-frau.de